759.

CONSIDÉRATIONS

SUR

LES ÉLECTIONS.

IMPRIMERIE DE FAIN,
RUE DE RACINE N°. 4, PLACE DE L'ODÉON.

CONSIDÉRATIONS

SUR

LES ÉLECTIONS;

PAR N. TRONCHON,

CULTIVATEUR A FOSSE—MARTIN, DÉPARTEMENT DE L'OISE.

A PARIS,

CHEZ DELAUNAY, LIBRAIRE, PALAIS-ROYAL,

GALERIE DE BOIS.

1817.

CONSIDÉRATIONS

LES ÉLECTIONS.

CHAPITRE PREMIER.

Que dans une constitution représentative, la représentation élective doit être le résultat du concours des votes de ceux qui sont représentés.

Dans un gouvernement représentatif, le mode des élections sera toujours un des points les plus importans à la tranquillité publique et à la stabilité du gouvernement : c'est aussi un des plus difficiles à établir. Car, d'un côté, il est dans l'essence des choses qu'une représentation soit formée par le concours des votes de tous ceux qui sont représentés, ou du moins de la majorité d'entre eux ; mais, d'un autre côté, il est dans l'intérêt de l'état que la faculté de représenter soit exercée par ceux-là seulement qui présentent à la société les garanties qu'elle a droit d'exiger. Ainsi, un mode d'élection qui n'admettrait à participer à la formation de la représentation qu'une faible partie des habitans d'un pays, serait un mode vicieux; et, moins il en admettrait, plus il serait vicieux : et, également, un mode d'élection qui laisserait arriver aux fonctions législatives des hommes qui ne sont point éminemment intéressés au maintien de l'ordre établi, serait un mode dangereux; et, plus il donnerait à ces hommes de facilité à s'introduire dans la chambre élective, plus il ferait courir de dangers à la chose publique. D'où il résulte que, dans une constitution représentative, pour établir un mode d'élection capable d'assurer la tranquillité de l'état, il faut résoudre le problème suivant : étendre, autant que possible, le droit de concourir à former la représentation, et restreindre la faculté de représenter, tellement que la société trouve, dans chacun des représentans électifs, les garanties qu'elle a intérêt de demander.

La première de ces conditions est indispensable, si l'on ne veut pas que la plus grande partie des individus qui composent une nation, soit sans attachement à son gouvernement. En effet, il n'est personne qui ne sente que, lorsque peu d'individus dans la société ont des droits à exercer, peu d'individus unissent leurs intérets à l'intérêt social. Il est même à craindre que le grand nombre qui est exclu de toute participation à l'exercice du droit politique, ne regarde comme ennemi le petit nombre qui est appelé à en jouir exclusivement ; ce petit nombre paraîtra seul représenté, lorsque seul il concourra à nommer des représentans : tous les autres sentiront bien qu'ils ne sont plus que des êtres passifs dans la nation ; et que, si on les appelle encore citoyens, ce titre n'est plus pour eux qu'un titre dérisoire, puisque pour eux il n'y a plus de cité.

Aussi, lorsqu'on parle d'une constitution représentative, chacun se figure un état dont tous les membres qui sont susceptibles d'avoir une volonté raisonnée et de l'émettre, ont une participation quelconque à la formation de la représentation. Alors nul individu qui ne sente qu'il est quelque chose dans l'ordre social, et qui par conséquent n'y prenne intérêt. Alors aussi tout citoyen qui veut arriver à des fonctions publiques, cherche à se concilier l'estime et la bienveillance de tous ceux qui l'entourent : il s'établit des affinités entre les différentes classes de l'ordre social : une noble émulation de vertus règne parmi les citoyens ; un concours général de bienfaisance et de services réciproques vient augmenter le bonheur des individus et assurer celui de la société entière.

Je voudrais donc que l'on vît sortir, des immenses recherches faites depuis plusieurs années, un mode d'élection tel, qu'il attachât tous les Français les uns autres, et tous ensemble au gouvernement. Je voudrais que chacun d'eux, dans la formation des liens sociaux, vît clairement comment il est lui-même un des anneaux de cette chaîne immense : je voudrais que, lorsqu'il obéit à une loi, lorsqu'il satisfait à une contribution, il fût évident pour lui qu'il ne fait qu'exécuter ce qu'il a voté par lui-même, ou ce qui a été voté en son nom, par des hommes qu'il a nommés directement ou indirectement pour le représenter. Et certes c'est bien là ce qui attache si fortement les hommes du dix-neuvième siècle à ce système de gouvernement que l'on appelle représentatif ! L'idée d'une coopération de tous les membres du corps social à la formation des lois de l'état, cette idée véritablement propre à relever la dignité de l'homme vivant en société, a saisi tous les esprits. Un enthousiasme presque universel s'est emparé des nations dans les deux hémisphères. L'exaltation chez les Français a pu les conduire bien au-delà des bornes que l'on eût dû respecter. J'avoue les excès ; je les déplore aussi vivement et aussi sincèrement que personne. Mais je ne pourrais m'empêcher de déplorer également une rétrogradation, qui ne nous laisserait que le souvenir douloureux des maux que nous avons éprouvés, et qui nous empêcherait d'arriver au but que nous pouvons atteindre. Car il est impossible de nier que, dans un système représentatif bien ordonné, on verra les citoyens se soumettre aux lois avec plus de docilité, satisfaire aux contributions avec plus de facilité, plus de résignation, et enfin, se montrer, sous tous les rapports, plus attachés à la chose publique; et alors, quels avantages ne peut-on pas espérer de ces heureuses dispositions! Je ne crains point de dire que si on sait les mettre à profit pour faire le bien, ce sera, dans la main du gouvernement, le levier le plus puissant qui ait jamais existé; mais tout s'évanouit, du moment où l'on écarte la grande masse des représentés de tout concours à la formation de la représentation. Tout mode d'élection, quel qu'il soit, manque par la base, lorsqu'il pèche en ce point essentiel; et vainement on voudrait se dissimuler que, tôt ou tard, il en résultera les plus graves inconvéniens. La France, j'en conviens, est maintenant dans une situation tellement critique, que les ministres, environnés de périls, peuvent croire que le salut public commande des restrictions dans la jouissance des droits les plus précieux pour les citoyens.

Je n'examinerai pas la question de savoir si tous les maux qui nous affligent depuis long-temps, ne viennent point de ce que des principes qui sont reconnus, et qui ont tant de fois été proclamés solennellement, sont sans cesse écartés dans la pratique, et violés par les lois mêmes. J'observerai seulement qu'aujourd'hui il ne s'agit pas d'une loi transitoire, mais, au contraire, d'une grande institution sociale, d'une institution qui, par sa nature, doit avoir une puissante influence sur les destinées de la nation. Car une loi sur le mode des élections, si elle est bonne, assure la tranquillité ; si elle est mauvaise, elle produit les tempêtes politiques, et amène les bouleversemens des empires. Combien donc est-il important qu'une loi de cette nature ne porte point l'empreinte absolue des circonstances ! ce sont les principes qui doivent dicter les lois par lesquelles on crée des institutions. Les circonstances passent, les principes ne passent point ; et nous ne sommes plus dans un siècle où l'on puisse espérer que des institutions contraires aux principes fondamentaux du gouvernement établi, parviennent jamais à se consolider et à faire le bonheur d'un peuple.

Et d'ailleurs, les circonstances présentes, si l'on veut les bien apprécier, demandent elles-mêmes qu'on ne s'écarte pas du principe. Je crois pouvoir le prouver dans le chapitre suivant.

CHAPITRE II.

Que les circonstances réclament l'application du principe établi dans le chapitre précédent.

Quelle est en effet notre situation sous le rapport du mode d'élection ? car, c'est sous ce rapport seulement que je considérerai les circonstances actuelles.

Dès le commencement de la révolution, tous les citoyens actifs, c'est-à-dire, tous les Français jouissant des droits civils, ont été appelés à des assemblées cantonnales, dans lesquelles étaient nommés des électeurs qui se réunissaient au chef-lieu de chaque département et nommaient des députés.

La plupart des Français ont joui alors avec transport de ce droit précieux. Il paraît difficile aujourd'hui qu'un nouveau mode d'élection, qui les privera de tout vote relatif à ces nominations, ait leur assentiment. On est plutôt porté à croire que ceux mêmes qui n'ont pas cherché à jouir de ce droit, ne verraient pas avec indifférence qu'on les en dépouillât totalement. Une pareille privation pourrait éveiller des désirs, des prétentions, et des discussions, auxquels il serait prudent de ne pas donner lieu.

Suivons ce qui s'est passé : lorsque ensuite on a fait quelques changemens dans le système d'élection, et qu'on a ordonné que les électeurs du département fussent pris exclusivement dans la classe des six cents plus imposés, c'était néanmoins par tous les citoyens du canton que ces électeurs étaient nommés ; c'était donc encore du choix graduel de tous les représentés, que les représentans tenaient leurs pouvoirs ; le principe était toujours respecté.

Ces modes d'élection peuvent à d'autres égards avoir eu des inconvéniens : c'est un motif pour chercher à les corriger ou à les remplacer par un mode meilleur, mais ce n'en est pas un pour ôter tout droit politique à l'immense majorité de la nation française. Que l'on observe en effet que ce n'est pas seulement la première constitution publiée en 1791, mais tout ce que depuis ce temps on a appelé constitution en France, et surtout la Charte elle-même, qui commence par établir et proclamer que les Français sont égaux : comment donc aujourd'hui ne vouloir reconnaître de droits que pour ceux qui sont favorisés de la fortune ? Comment pouvoir dire aux quatre-vingt-dix-huit centièmes qui restent, qu'ils vont à l'avenir être représentés par des hommes qui n'auront pas besoin du plus petit acte direct ni indirect de leurs volontés, pour s'établir leurs représentans ?

Dans une nation composée de plus de vingt-cinq millions d'hommes, on ne pouvait espérer que tous les citoyens fussent appellés à une nomination directe de leurs députés. Aussi une participation indirecte, reconnue la seule possible, suffisait pour satisfaire les désirs de la plus grande partie de la nation, et l'on n'a point entendu de plaintes sur les restrictions sages apposées par la charte ? Mais, il faut l'avouer, on ne s'attendait point à voir bientôt découvrir, dans cette Charte, accueillie de tous les Français avec tant de reconnaissance, une exclusion absolue pour une aussi grande partie qui ne coopérera plus en aucune manière à la formation de la représentation nationale. Il est bien à craindre que ce ne soit pas là le moyen d'amener cette union si nécessaire à notre malheureuse patrie.

Ceux qui seraient dépouillés d'un droit politique dont ils ont joui jusqu'à ce jour, et dont

il paraît difficile de leur prouver qu'ils ne doivent pas jouir, pourraient-ils ne pas sentir vivement cette privation? Les plaies de la France
sont encore saignantes; un tel changement en
matière aussi importante et aussi délicate, ne
pourrait que les aigrir et les rendre plus pro-
fondes.

Mais, si au contraire, par une loi juste et
vraiment politique, on consacrait dans ce moment l'exercice du droit de toutes les parties
intéressées; au lieu d'éloigner les esprits, de
diviser encore les citoyens, on pourrait les
réunir, on pourrait faire de tous les Français
autant d'amis de la Charte et du gouvernement.

Et c'est cette considération qui m'a fait dire
que les circonstances même réclamaient l'application du principe dans toute son étendue.

CHAPITRE III.

Que l'exclusion de la majorité des Français, de toute participation à la nomination des Députés, est contraire à la
Charte.

Dans le premier chapitre, j'ai exposé le principe ; dans le second, j'ai tâché de faire sentir
que les circonstances actuelles en demandaient
l'application. Mais, quelle que soit la force du

principe, quel que soit l'empire des circonstances, je sens que c'est dans la Charte constitutionnelle qu'il faut chercher ce que doivent être les loix organiques de la constitution. La Charte est LA LOI DE LA LOI, pour me servir de l'expression d'un illustre membre de la chambre des pairs.

Voyons donc dans la Charte ce qui est applicable à la matière des élections, et comparons-le avec les principes que j'ai posés.

Le premier principe d'une constitution représentative, est, ainsi que je l'ai énoncé précédemment, que la représentation doit être formée par le concours des votes de tous ceux qui sont représentés, ou du moins de la majorité d'entre eux.

La Charte commence ainsi, DROITS PUBLICS DES FRANÇAIS; les Français ont donc des droits publics?

Ensuite la Charte dit, article premier : *les Français sont égaux devant la loi*. Or, établir une égalité devant la loi, c'est bien reconnaître des droits égaux; et, les droits étant égaux, il faut que le mandataire qui représente et qui stipule au nom des autres, tienne son droit d'un acte quelconque exprimant la volonté de ceux qui sont représentés.

Ainsi le premier article de la Charte renferme implicitement, mais d'une manière évidente, le premier principe d'une constitution représentative.

Suivons le rapprochement. Le second principe, posé dans le chapitre I, est que la faculté de représenter doit être exercée par ceux-là seulement qui donnent à la société des garanties suffisantes. Voyons la Charte sur cet objet.

L'article 38 porte qu'aucun député ne peut être admis dans la Chambre, s'il n'est âgé de quarante ans, et s'il ne paie une contribution directe de 1000 fr.

Par-là elle déclare qu'elle veut des garanties de la part de ceux qui se présenteront, comme les mandataires des autres, et elle spécifie les garanties qu'elle exige.

Ainsi, toujours ce que les principes demandent, la Charte l'ordonne, et il existe la plus parfaite harmonie.

C'est encore dans la vue d'augmenter ces garanties envers la société de la part de ceux qui agissent au nom des autres membres du corps social, que, dans l'art. 40, la Charte veut que les électeurs qui concourent à la nomination des députés, ne puissent avoir droit de suffrages, s'ils ne paient une contribution directe de 300 fr. Cet article remplace une disposition analogue, dont j'ai déjà parlé, et qui existait avant l'établissement de la Charte; les électeurs appelés pour nommer les députés ne pouvaient être pris que sur la liste des six cents plus imposés du département. Le législateur, au lieu de recourir à la formation difficile et équivoque de cette liste des six cents plus imposés, a préféré une disposition plus facile à appliquer individuellement.

C'est là le but de cet article 40, qui ne dit pas que tout citoyen qui paye 300 fr. sera électeur; mais qui impose aux électeurs l'obligation de justifier qu'ils paient une contribution directe de 300 fr.; ce qui est tout-à-fait différent, et même, ce qui suppose nécessairement qu'ils ont été nommés électeurs par des opérations préalables.

Et ces opérations préalables, où les trouverons-nous d'après la Charte?

Dans les lois qui, aux termes de l'article 35, seront formées pour déterminer l'organisation des colléges électoraux.

L'article 40 aura son application lorsque les électeurs se présenteront pour *concourir à la nomination des députés :* c'est alors qu'on leur dira : Vous avez été nommés électeurs, mais *vous ne pouvez avoir droit de suffrages,* aux termes de l'article 40 de la Charte, qu'en justifiant *que vous payez une contribution directe de 300 francs, et que vous êtes âgé au moins de trente ans* ; de même que, d'après l'art. 38, on demande à un député avant de l'admettre à voter dans la Chambre, qu'il justifie qu'il *est âgé de quarante ans, et qu'il paye une contribution directe de* 1000 *francs.*

La Charte, entendue dans ce sens, ne présente aucune difficulté; au lieu que quand on veut lui donner un sens différent, il faut la torturer, la mettre en contradiction avec elle-même, comme avec les principes.

Que peut-on craindre relativement à ce qui serait fait dans les réunions politiques des degrés inférieurs? tout se bornerait pour ces assemblées, à désigner quels sont parmi les hommes âgés de trente ans, et payant une contribution directe de 300 francs, ceux qui possèdent à un plus haut degré l'estime et la confiance de leurs concitoyens.

De pareilles opérations ne sont point à craindre, mais au contraire bien à désirer. Car, autrement, c'est-à-dire, en appelant sans distinction tous les hommes payant 300 francs de contributions, on pourrait voir arriver dans les colléges électoraux de département, des individus couverts d'opprobre et d'infamie, des individus qui ne recueilleraient pas dans tout un département une seule voix pour être électeurs, et qui, cependant affranchis par la loi du besoin d'avoir aucun suffrage, viendraient hardiment, leur quittance de contributions à la main, prendraient séance à côté des hommes les plus recommandables du département, et concourraient avec eux à nommer les membres de la représentation nationale.

La Charte a-t-elle jamais pu vouloir rien de semblable. Non : elle a voulu évidemment tout le contraire ; elle a voulu qu'il fût fait un choix : on lit cette volonté dans les articles 1 , 35, 40, lorsqu'on les lit, sans vouloir y chercher ce qui n'y est point. Et ce choix que veut la Charte, à qui peut-il appartenir ? Il appartient à tous les membres du corps social , à tous les Français qui ont les qualités requises jusqu'à présent pour être admis aux assemblées politiques du premier degré : il leur appartient par le plus sacré des droits ; ils défendent l'état, ils paient des contributions.

CHAPITRE IV.

Que dans l'intérêt du monarque, comme dans l'intérêt du peuple, les élections doivent être absolument libres et hors de toute influence.

La noble tâche que les députés des départemens ont à remplir, et que la Charte leur assigne, ne peut l'être dignement qu'autant qu'ils jouissent de la plus grande indépendance, et de là suit la conséquence que ceux qui les nomment, doivent eux-mêmes jouir de la plus entière liberté ; car la même cause qui aurait agi sur ceux qui ont fait les choix, agirait sur ceux qui auraient été choisis ; et alors les députés n'auraient pas la première des qualités qu'ils doivent avoir, cette indépendance d'opinion sans laquelle ils ne peuvent être utiles à leur pays.

Mais, en admettant le principe, plusieurs personnes, même parmi celles qui professent les idées libérales, veulent le mitiger, et sont d'avis qu'une certaine influence dans les élections est utile aux intérêts de la couronne, qu'elle est salutaire à l'État, et que par conséquent les lois même doivent en quelque sorte la consacrer.

C'est cette opinion que je veux combattre en prouvant que l'intérêt du monarque ne réclame pas moins que l'intérêt du peuple, une indépendance absolue dans les élections.

En effet, quel but peut-on se proposer en adoptant le gouvernement représentatif dans une monarchie héréditaire ? On veut que ce concours des mandataires élus par le peuple, pour former les lois et consentir les impôts, serve aussi à éclairer le monarque, et à contenir dans de justes bornes les dépositaires de la puissance exécutive.

Or, si les élections sont placées sous l'influence du gouvernement, il y a tout lieu de craindre que ce but ne soit pas atteint : car le monarque ne connaîtra que bien imparfaitement tout ce qui sera fait pour influencer les élections. Ce seront les ministres qui, dans les divers départemens du royaume, feront agir les personnes qu'ils ont à leur disposition ; et, dès lors, ce ne seront pas des hommes singulièrement dévoués au Roi, comme on le prétend, mais bien plutôt des hommes singulièrement dévoués aux ministres, que cette influence donnée au gouvernement dans les élections, fera arriver à la chambre élective. Or une chambre de députés ainsi nommés sera souvent incapable de rendre aucun service ni au Roi, ni au peuple ; car, d'un côté, le monarque ne pourra connaître par eux que ce qu'il plaira à son ministère qu'il connaisse. Et, d'un autre côté, le peuple pourrait - il espérer que des députés portés à la chambre par la puissance de l'influence ministérielle, remplissent toujours leurs devoirs vis-à-vis des ministres ? Pour remplir un devoir qui peut devenir rigoureux, il ne faut pas que les députés des départemens doivent aux ministres leur élévation au poste qu'ils occupent ; il faut qu'ils soient bien purement les hommes de la nation.

Mais, dira-t-on, si on cherche à placer les corps électoraux, non-seulement à l'abri de toute dépendance, mais encore à l'abri de toute influence du pouvoir de la couronne, on verra peut-être des élections tout-à-fait dans un sens opposé au gouvernement.

Pour s'entendre ici, il faut s'expliquer, parce que le mot *gouvernement* n'est pas toujours compris de la même manière.

Si donc par le mot *gouvernement*, on veut entendre le monarque, je dirai qu'une pareille crainte n'est pas fondée vis-à-vis des colléges électoraux de département, où la Charte n'admet que des hommes essentiellement attachés à l'ordre et à la stabilité, et par conséquent à leur Roi.

Mais si, en disant que des colléges électoraux qui ne seraient nullement influencés, pourraient faire des élections dans un sens opposé au *gouvernement*, on veut entendre des élections dans un sens opposé au *ministère*, j'admets cette possibilité : je demande seulement où sera le danger de pareils choix? Il ne sera pas pour le monarque, car la loi ne se fera pas sans lui; la contradiction s'établira entre les députés et le ministère; le monarque appréciera mieux les avantages et les inconvéniens des propositions de lois qu'on aura faites en son nom. Il jugera avec plus de connaissance de cause; et le peuple, de son côté, étant plus éclairé par les débats de la discussion, se soumettra à la loi avec plus de docilité et plus de confiance.

Je vais plus loin, je suppose même qu'il résulte une composition de chambre telle, que sur des articles importans, sur des articles nombreux, la majorité se trouve en opposition formelle avec le ministère.

Le monarque n'a-t-il pas alors un moyen certain de reconnaître si la majorité de la nation partage l'opinion de la majorité de la chambre, ou si elle adopte celle des ministres? Ne peut-il pas dissoudre la chambre, comme il peut changer les ministres? Il écarte les uns ou les autres; il écarte même, s'il lui plaît, et les uns et les autres à la fois. Lui seul est toujours là; il est là, le vrai représentant de la nation, le seul à qui cette qualité convienne parfaitement, parce qu'il la représente toujours au dedans comme au dehors; c'est une même chose pour lui que de chercher à connaître ce qui importe à la nation, et ce qui lui importe bien véritablement à lui-même. Car l'excellence du gouvernement monarchique héréditaire consiste surtout en ce que ce grand intérêt national est nécessairement toujours un avec l'intérêt personnel du chef qui gouverne la nation.

Mais je viens de dire que le monarque possédait, dans la prérogative qui lui donne le droit de dissoudre la chambre, un moyen certain de juger, en cas de dissentiment, entre la chambre des députés et son ministère. Or, pour que cette proposition soit exacte, il est indispensable que les élections soient à l'abri de toute influence de la part du gouvernement.

Car, si les ministres possèdent, dans les lois mêmes sur les élections, quelques moyens d'influencer les nominations à faire par les colléges électoraux, avec quelle activité vont-ils les mettre en usage?

Le monarque a recours à la formation d'une nouvelle chambre, parce qu'il désire connaître de quel côté est l'opinion de la nation ; mais ici, malheureusement, les ministres, dont l'opinion s'est prononcée, ont déjà un but marqué, qui n'est pas le même que le but du monarque. Car, en leur accordant les meilleures intentions, les intentions les plus pures, le désir le plus sincère du bien de l'état, on ne peut se dissimuler que puisqu'ils ont énoncé une opinion, ils la soutiendront, et qu'ils chercheront tous les moyens possibles de la faire prévaloir.

La majorité de la chambre dissoute était contre eux, ils vont travailler à écarter dans chaque département les députés qui leur étaient opposés. Nominations de présidens proposés au Roi, adjonctions aux colléges électoraux, s'il est permis d'en faire, instructions patentes, instructions secrètes, envoi de commissaires, tout sera dirigé vers un même but, tout aura pour objet de faire nommer les hommes que le ministère saura être de son avis, et de faire éloigner ceux qu'il connaîtra ou qu'il présumera être d'un avis contraire.

A quel résultat sera-t-on conduit par-là?

Le monarque confiant sera entraîné dans une erreur funeste. Le monarque le plus prudent doutera si la nouvelle chambre exprime l'opinion nationale, si elle a la confiance de son peuple, et il doutera également s'il doit lui accorder la sienne.

Ainsi cette faculté d'éclairer et de diriger les corps électoraux, que l'on croit utile à la couronne et utile à l'état, n'aura servi qu'à priver le monarque et ses sujets de tout le fruit qu'on pouvait espérer de l'appel fait au peuple par la dissolution de la chambre des députés.

Une dernière réflexion sur ce sujet peut servir à nous convaincre qu'on ne doit pas craindre d'enlever aux agens de la couronne tout ce qu'il est possible de leur ôter d'influence en cette partie.

Supposons les deux cas, savoir : celui des élections absolument libres et indépendantes ; et celui des élections placées sous une certaine influence du gouvernement.

Dans le premier cas, c'est-à-dire, lorsque les élections sont absolument indépendantes, il arrive de deux choses l'une : ou les choix des électeurs tombent sur des hommes qui pensent comme les ministres, et alors le monarque goûte la satisfaction de voir que les premiers dépositaires de son autorité sont dans le sens de la majorité de la nation : ou bien les choix amènent à la chambre des hommes qui sont en opposition de vues et d'opinions avec eux ; et alors cette manifestation de l'opinion nationale devient pour le monarque un avertissement précieux, qui ne peut avoir que des effets utiles et salutaires pour lui et pour son peuple.

Maintenant, examinons ce qui peut arriver lorsque, par le mode d'élection, le gouvernement possède des moyens d'influencer les nominations.

Supposez alors de la part du ministère des opinions erronées ; comment pouvoir les redresser ? comment pouvoir même reconnaître les erreurs, puisque la chambre des députés se trouve composée d'hommes qui les partagent?

Supposez le cas d'abus, le cas de malversations : les abus croîtront, les malversations augmenteront, se multiplieront : d'où pourra naître l'espoir de les voir cesser, de les voir punir, si les représentans électifs, ces hommes chargés spécialement de défendre les droits du peuple, ont été protégés par les ministres pour arriver à la chambre?

Supposez enfin le cas de machinations coupables (car, dans la formation d'institutions qui doivent être permanentes, il faut supposer même les cas qui paraissent les plus éloignés de nous), supposez donc le cas de complots perfides et de projets criminels : qui arrêtera le ministre pervers, prêt à perdre son Roi et son pays, lorsque ce ministre sera défendu par la chambre qu'il aura formée, et qui, sans la moindre intention coupable, peut toujours être réputée aveuglée par sa reconnaissance?

Dans de pareilles circonstances, je vois le monarque et l'état placés dans un même péril.

Et c'est là où peuvent nous conduire des élections soumises à l'influence ministérielle : tandis qu'au contraire avec des élections entièrement libres, mais dans lesquelles toutefois les conditions prescrites par les articles 38 et

40 de la Charte, auront été religieusement ob-
servées, vous avez nécessairement pour représentans électifs des hommes qui ne peuvent,
comme le monarque, vouloir autre chose que
le bien de l'état et la stabilité du gouvernement.

Le peuple alors veille pour l'intérêt du trône,
comme le Roi veille pour l'intérêt du peuple,
et les grands dépositaires de l'autorité sont
tous contenus dans la ligne du devoir envers le
monarque comme envers la nation.

Concluons donc que l'intérêt du prince et
celui de sa famille, non moins que l'intérêt de
toute la grande famille des Français, veut que
les corps électoraux soient appelés à jouir de
la plus grande indépendance dans les élections
qui leur sont confiées.

CHAPITRE V.

Comment l'indépendance absolue des colléges électoraux
peut se concilier avec l'article 44 de la Charte, qui dis-
pose, que *les présidens des colléges électoraux sont
nommés par le Roi et de droit membres du collége.*

JE ne me suis point proposé ici, en écrivant
sur les élections, de faire l'examen des différens
projets que l'on a vus se succéder depuis deux

ans. Ceux qui ont été discutés dans les chambres, lors de la session précédente, avaient pris naissance dans un temps où tous les articles de la Charte relatifs aux élections avaient paru pouvoir être soumis à une révision. La profonde sagesse du monarque lui a fait sentir qu'il fallait d'abord laisser affermir l'édifice, et attendre un temps plus éloigné pour examiner quels changemens pouvaient être utiles ou nécessaires. Aujourd'hui donc, tout ce qu'on peut dire et écrire sur les élections, doit porter l'empreinte du respect dû à chacun des articles de la loi constitutionnelle du royaume. C'est pourquoi, dans la crainte qu'en me voyant proclamer la nécessité d'une indépendance absolue des corps électoraux, on ne croie que j'attaque indirectement l'article 41 de la Charte, je dois expliquer ma pensée à cet égard.

C'est seulement dans la manière dont l'article 41 reçoit son exécution, qu'il prend un caractère ou, si vous voulez, une couleur prononcée. La disposition de cet article ne nuit point à l'indépendance des élections, si les citoyens nommés pour présider les colléges électoraux ne viennent rien demander au collége électoral qu'ils président.

Mais, au contraire, si l'on voit arriver des hommes qui paraissent être placés là en évidence, pour les recommander d'une manière spéciale et authentique aux suffrages des électeurs, alors il est hors de doute que la nomination des présidens faite par le gouvernement devient nuisible à l'indépendance des élections; et même dans le cas où le nombre des présidens ainsi nommés par le gouvernement, et qui pourraient la plupart être appelés à la députation, se trouverait considérable, étant comparé au nombre des députés qui siégent dans la chambre, alors la nomination des présidens faite par les agens de la couronne serait, je ne dis pas un mode préjudiciable à l'indépendance des élections, mais un mode destructif de toute liberté.

Dès lors, en effet, la chambre des députés des départemens ne pourrait plus faire le bien qu'on a droit d'en attendre. Il lui serait impossible de se placer dans l'opinion publique à la hauteur où elle doit être. Car, il faut pour cela non-seulement qu'elle soit libre et indépendante, mais encore qu'on soit persuadé de son indépendance; et si dès l'origine on avait du doute à cet égard, ce doute seul serait funeste à la chose publique.

En France, plus peut-être qu'en aucun pays de l'Europe, l'influence des ministres, si malheureusement elle s'exerce dans les corps électoraux, si elle s'exerce dans la chambre élective, aura besoin d'être couverte, non pas d'un voile, mais d'un manteau assez épais pour la dérober à tous les regards : car, du moment où cette influence se sera laissé apercevoir, toute confiance disparaîtra.

Mais tout ce que nous venons de dire prouve seulement que c'est dans la manière dont l'article 41 reçoit son exécution qu'il devient nuisible à la liberté et à l'indépendance des élections. Un mot dans la nouvelle loi suffira pour nous préserver de cet abus. Déjà on a senti généralement la nécessité d'ôter aux préfets et aux commandans le droit d'être nommés dans leurs départemens ; l'inconvénient qui existe à laisser cette faculté aux présidens des colléges électoraux n'est pas moins grand ; il ne peut donc manquer d'être également senti et de donner lieu à l'application de la même disposition.

D'ailleurs, cette disposition est réclamée par la nécessité de conserver à des commissaires qui paraissent au nom du monarque dans de grandes réunions politiques, la haute considération dont ils doivent jouir. En effet, on doit sentir que, dans des colléges électoraux, lorsque ceux qui les président figurent comme candidats, c'est-à-dire comme des hommes dont les prétentions vont être jugées, ils ne peuvent avoir la dignité convenable à la place qu'ils occupent. On remarque les mouvemens que d'autres se donnent pour les faire nommer; et eux-mêmes, on les voit souffrans sur leurs fauteuils, et tourmentés par une inquiétude pénible : souvent même on est disposé à les regarder comme des hommes de parti.

Et au contraire, des présidens nommés par le Roi, et n'ayant rien à attendre du collége qu'ils présideront, n'en seront que plus considérés, plus respectés, et j'ose même dire qu'ils relèveront encore l'éclat des corps électoraux.

Ainsi sera observé dans cette partie le principe de l'indépendance absolue des élections, et sera exécutée la disposition de l'article 41 de la Charte.

CHAPITRE VI.

Comment les colléges électoraux peuvent être facilement organisés, d'une manière conforme aux principes d'une constitution représentative, ainsi qu'à la Charte.

On a toujours pensé que, dans les institutions sociales, au lieu d'en adopter de nouvelles, il fallait chercher à corriger et améliorer les anciennes, toutes les fois qu'elles n'étaient point contraires aux principes fondamentaux de l'ordre établi. En effet, l'expérience a fait connaître les inconvéniens existans dans les institutions anciennes, et on peut juger s'il y a des moyens d'y remédier, et appliquer ces moyens ; mais les nouvelles institutions, qui paraissent préférables avant l'épreuve, rencontrent ensuite, dans l'exécution, des obstacles que l'on n'a pas prévus, ou qu'on n'a pas bien appréciés ; et l'on n'arrive point au but qu'on s'était proposé.

Cette maxime paraît applicable à ce qui se présente aujourd'hui, relativement au mode d'élection ; car, d'une part, les dangers d'une grande innovation dans un objet de la nature la plus délicate, sont absolument évidens ; et, d'une autre part, les inconvéniens qui ont été reconnus dans le mode d'élection ancien, peuvent être facilement corrigés : la Charte a déjà fait disparaître les plus grands ; il faut seulement aujourd'hui, en exécutant l'article 35, suivre l'impulsion qu'elle a donnée, et se mettre avec elle en parfaite harmonie sous tous les rapports. Nous allons essayer de le prouver.

Quoiqu'on ait souvent demandé, depuis deux ans, combien il devrait y avoir de degrés d'élection, quoiqu'on ait même quelquefois prétendu que la Charte n'en permettait qu'un, il est de fait néanmoins que, dans les 76 articles qui la composent, il ne se trouve pas un mot qui limite le nombre des degrés d'élection ; et il est vrai de dire que ce n'est point en restreignant ce mode à deux degrés, ou même à un degré seulement, qu'on aura le mieux rempli les vues de la Charte, mais bien plutôt, lorsqu'on sera parvenu à trouver un mode qui appelle tous les représentés à concourir d'une manière quelconque à la nomination de leurs représentans, et qui néanmoins assure partout des réunions tranquilles et des choix éclairés.

Nul doute que le mode d'élection que nous avons eu, ne remplissait pas toutes ces conditions. Mais voyons ce qui s'y opposait, et commençons par reconnaître quels obstacles n'existent déjà plus.

On pouvait d'abord être électeur de département, on pouvait être député, sans fournir aucune garantie à la société. La Charte a posé les limites pour les éligibles à la députation; elle a posé les limites pour les électeurs qui doivent nommer les députés. Ainsi, déjà il ne reste qu'à déterminer les opérations préalables à ces dernières nominations, et c'est là comment il faut exécuter l'art. 35, qui serait insignifiant, si l'art. 40 voulait que tous ceux qui paient 300 francs fussent électeurs : mais ne quittons pas notre sujet.

La base que l'assemblée constituante avait

prise pour l'admission à l'exercice du droit politique, était la plus étendue qu'il soit possible
d'établir, et la seule véritable base. Elle admet-
tait tous les Français jouissant des droits civils.
Mais, dans l'exécution de cette belle théorie,
qu'est-il arrivé? On avait appelé au chef-lieu
de canton tous les habitans de vingt ou trente
communes : ces grandes réunions ont été la
plupart tumultueuses, parce que d'abord un
grand nombre de citoyens se sont empressés
de s'y rendre : ensuite, lorsque le premier zèle
a été ralenti, elles sont devenues désertes.

Il est facile de juger que, dans ces premières
réunions, trop nombreuses, les choix pouvaient
être aveugles; car il était impossible que des
hommes toujours occupés de leurs travaux, dans
leurs communes respectives, connussent assez
bien les citoyens qui habitaient toutes les
autres communes du canton, pour savoir les-
quels méritaient davantage leur estime et leur
confiance. Et, lorsque ces assemblées furent
réduites à un petit nombre de votans, on sent
également que celui qui voulut être électeur,
n'eut besoin que de faire connaître son désir à
quelques amis et à quelques voisins, qui ve-
naient à l'assemblée l'appuyer de leurs votes.
L'intrigue la plus faible était donc assurée du
succès.

Pour éviter tous ces inconvéniens, et cependant admettre tous les Français, jouissant des droits civils, à participer, au moins indirectement, à la nomination de leurs députés, je proposerais que l'on fît commencer l'exercice du droit politique pour chaque citoyen dans la commune qu'il habite, et que tous les domiciliés jouissant, comme nous venons de le dire, des droits civils, fussent appelés à voter pour élire des notables communaux, dont le nombre serait égal au dixième des ayant-droit de voter, ou au cinquantième de la population totale, ce qui ne diffère pas beaucoup, et peut avoir l'avantage d'être plus facile à fixer.

Et là serait borné l'exercice du droit politique pour tous ceux qui ne feraient pas partie de la notabilité communale. Car, quoique je croie nécessaire d'admettre tous les citoyens à participer, d'une manière au moins indirecte, à la formation de la représentation, 1°. parce qu'il est dans mon opinion que ce droit appartient à tous; 2°. parce que je suis persuadé que c'est un puissant moyen de les attacher tous au gouvernement; je sens néanmoins qu'il faut, dans l'intérêt de l'état, ne laisser sortir aucun citoyen de la sphère de ses connaissances, afin d'éviter qu'en exerçant un droit social, il ne nuise véritablement à la société : et, là dessus, j'observe d'abord que les citoyens domiciliés dans chaque commune, n'ayant à faire ce premier choix que parmi les personnes qui habitent avec eux, tous auraient les lumières suffisantes pour le bien faire; j'observe ensuite que cette nomination, par laquelle on connaîtrait les hommes qui, dans chaque commune du royaume, ont pour eux la voix publique, pourrait être utile au gouvernement. Et, si l'on paraissait craindre de voir élire pour notables des hommes qui ne présenteraient point à la société les garanties convenables, on pourrait, par analogie avec les articles 38 et 40 de la Charte, apposer des conditions à la notabilité, ou, ce qui est le même, prescrire des restrictions à l'étendue du choix.

La réunion de tous les citoyens choisis pour notables dans leurs communes respectives, formerait au chef-lieu de canton une assemblée cantonnale, destinée à nommer pour le collége de département les électeurs, dont le nombre, dans chaque canton, serait d'un par mille individus de population. Il y a lieu de croire que ces nouvelles réunions politiques, dans les chefs-lieux de cantons, ne présenteraient aucun des vices et des dangers que l'on reprochait avec raison aux

assemblées primaires qui ont existé. Car
1°. elles seraient calmes et l'ordre y serait facilement établi, puisque le nombre des personnes ayant droit d'y voter ne serait que
le dixième des citoyens français, qui tous pouvaient se présenter dans les anciennes assemblées primaires : 2°. elles ne seraient pas,
comme les précédentes, exposées à se trouver
désertes ; et on peut même espérer qu'elles
seraient presque toujours complètes, parceque
ces citoyens, choisis par les autres habitans
de leurs communes, regarderaient comme
un devoir indispensable pour eux de se rendre
au poste qui leur serait assigné, et qui n'exi-
gerait d'ailleurs qu'un léger déplacement.
3°. elles seraient composées d'hommes ayant
tous un intérêt marqué au maintien de l'ordre
et de la tranquillité, et tous pouvant apprécier dans leurs cantons le mérite des citoyens
payant 300 francs, pour ne confier qu'aux
plus dignes les fonctions électorales. Et, dès
lors, les colléges électoraux des divers départemens de la France présenteraient une
réunion de personnes, qui non-seulement
offriraient à la société de justes motifs de
sécurité par leurs âges, leurs fortunes, mais
qui ajouteraient à ces avantages le mérite

d'avoir recueilli un témoignage d'estime et de confiance publiques : et, à cet égard, je ne puis croire que les plus ardens défenseurs du système dans' lequel on fait appeler au collége électoral de chaque département tous les contribuables cotisés à 3oo francs, fassent à leurs concitoyens qui voteraient dans ces nouvelles assemblées cantonnales, l'injure de croire qu'un collége formé par une portion de citoyens qu'ils auront choisis dans la classe de ceux payant 3oo francs, mériterait moins la confiance , que s'il était composé de la totalité de cette même classe.

Avec ce seul changement, introduit dans notre ancien mode d'élection, on arrive à une organisation qui paraît se recommander par la réunion de plusieurs avantages précieux.

Car 1°. elle appelle tous les Français à la jouissance d'un droit politique, et elle les attache tous au gouvernement.

2°. Elle est parfaitement en harmonie avec la Charte.

3°. Toutes les réunions politiques qui en résultent sont assez nombreuses, sans qu'aucune le soit trop ; car le collége électoral du département de la Seine ne s'éleverait pas beaucoup au-dessus du nombre de six cents électeurs.

4°. Nulle confusion à craindre, nul tumulte; et cependant toujours des assemblées complètes, parce que les citoyens peu fortunés ne se déplaceraient pas, les notables communaux se déplaceraient peu, et que même dans la classe riche, dans la classe de ces hommes payant 3oo fr., il n'y aurait qu'une portion qui aurait à supporter un déplacement plus pénible.

5°. Dans toute la France, une pareille quantité de population donne une pareille quantité de notables, une pareille quantité d'électeurs : tout marche avec uniformité, tout marche avec facilité.

Dirait-on que je multiplie les opérations? Qu'importe, vous répondrai-je, si je diminue les embarras et les difficultés! J'arriverai au but avec plus de certitude. Et d'ailleurs, n'est-ce rien que d'admettre, sans aucun danger pour l'état, que d'admettre, dis-je, à la participation politique du droit le plus précieux, les quatre-vingt-dix-huit centièmes de la nation, qui en seraient exclus par la loi qui est proposée.

Le principe a été consacré, proclamé; le droit a été reconnu pour tous ; il a été exercé par tous : ne cherchons pas à le contester, à l'éluder : cherchons plutôt comment on pourra en régler sagement l'exercice. Trop de causes tendent à relâcher les liens sociaux. Ne laissons point échapper l'occasion de les resserrer, et d'attacher les Français à leur gouvernement; que cet enthousiasme universel pour le système représentatif devienne pour nous un nouveau moyen d'unir plus étroitement les membres du corps social les uns aux autres, et de rendre les hommes meilleurs et plus heureux.

Dirait-on aussi que les assemblées qui résulteraient du mode d'élection que je propose, n'étant pas très-nombreuses, on doit craindre davantage les effets des intrigues et de la corruption? Cette crainte paraît peu fondée : dans notre nation, l'on trouve malheureusement beaucoup trop d'hommes qui ne sont point assez attachés à la chose publique. Mais l'intrigue et la corruption n'y sont point à craindre; et d'ailleurs, fussent-elles même autant à redouter qu'elles le sont peu, ce mode d'élection qui, dans une assemblée cantonnale, fait arriver, de chaque commune, non pas des flots tumultueux d'hommes qu'un intrigant peut facilement diriger, mais toujours un nombre de notables proportionné à la population; et qui, également, dans un collége électoral de département, y fait arriver, de chacun des cantons, un nombre

d'électeurs proportionné au nombre des habitans ; ce mode, dis-je, serait celui qui laisserait
le moins de prise à l'intrigue ; et quant à la corruption, j'ose dire qu'il la rendrait non-seulement difficile, mais impossible à exercer.
D'ailleurs le caractère français la repousse, et
en préservera toujours la nation.

Je me résume :

Dans une constitution représentative, tous
ceux qui sont aptes à exercer un droit politique, ou un droit de cité (ce qui est le même),
doivent participer à former la représentation,
d'une manière directe, si le nombre d'individus qui composent la nation le permet, et
d'une manière indirecte, s'il ne le permet pas.
Un autre principe, qui n'est pas moins sacré,
c'est qu'aucun membre du corps social ne doit
point exercer un droit quelconque d'une manière qui puisse nuire à la société.

Ainsi, tous les Français jouiraient d'un droit
politique et seraient citoyens. Mais nul ne
passerait les bornes, dans lesquelles sont
renfermées ses connaissances pour faire de
bons choix, et dans lesquelles également
peuvent s'étendre les garanties qu'il présente
à la sociéte.

Voilà les bases, et voici les résultats du mode

d'exécution : en supposant pour tout le royaume une population de vingt-cinq millions d'habitans, on aurait :

1°. Cinq millions de Français, exerçant leurs droits dans leurs communes, et nommant parmi eux des notables dans la proportion d'nn sur cinquante habitans, ce qui donne cinq cent mille notables dans toute la France.

2°. Cinq cent mille notables communaux se réunissant dans leurs cantons respectifs et nommant des électeurs pour le collége du département, dans la proportion d'un électeur par mille habitans de chaque canton, ce qui donne vingt-cinq mille électeurs.

3°. Les vingt-cinq mille électeurs se réunissant, suivant la série à laquelle chaque département appartiendrait, dans les quatre-vingt-six colléges électoraux des départemens, et nommant les députés, qui, d'après ce mode d'élections, seraient bien véritablement les représentans électifs de tous les Français.

Dans une matière aussi importante et aussi difficile que celle d'un mode d'élections, et qui vient d'être discutée avec de si grands talens, développés de part et d'autre, je m'abstiendrais de produire mon opinion particulière, si je n'avais reconnu, par la discussion même, que le projet de loi n'avait pas beaucoup moins d'adversaires que de défenseurs.

La chambre des députés a prononcé : je soumets à celle des pairs mes observations : je les soumets avec une confiance respectueuse. Les illustres membres du sénat français nous ont prouvé qu'ils sont aussi les défenseurs des droits de toutes les parties de la nation, lorsqu'ils les croient attaqués.

FIN.

www.ingramcontent.com/pod-product-compliance
Lightning Source LLC
Chambersburg PA
CBHW061319050726
47594CB00004B/1793